www.seuil.com

Le petit livre de je t'aime

sacha goldberger

seuil

Pourtoipourtoujoursmalilid'amour.

Depuis que je t'ai rencontrée.

CHERCHE MA TETE

PERDUE LE JOUR OÙ JE T'AI RENCONTRÉE. ♥

Autoportrait.

Que demander de plus.

AMOUR

Je t'aime avant tout.

Je t'aime **tout**

Mon amour je t'aime jusqu'au...

L'amour rend aveugle. Je t'aime en braille.

Si je devais me réincarner.

Pour toi, j'ai décroché la lune.

Tu es partout.

Je sais compter jusqu'à toi.

un, deux, toi

Je t'aime, banane.

Une nuit sans toi.

Plein de rouges pour te dire je t'aime.

Un je t'aime tout rouge.

Je t'aime

Je t'aime en Australie.

Je t'aime

Je t'aime aussi à Pise.

Je t'aime

Je t'aime en Angleterre.

Je t'aime

Je t'aime en hébreu.

JE T'AIME

Une livre d'amour.

Pour te plaire.

Un pied à prendre.

Quelques lignes venues du cœur.

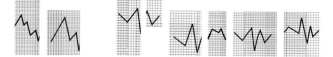

Un je t'aime qui n'a pas de prix.

Une grosse envie de toi.

Radio de mon cœur.

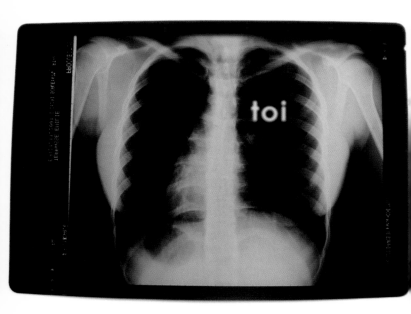

Tu me troubles.

tu me

Grâce à toi, j'ai le cœur gros comme ça.

Pour découvrir mes sentiments pour toi, relie les points.

Une idée d'oreiller.

Je le dis avec des roses.

Je t'aime

Je compte sur toi mon amour.

1 2 3 4 5 6 7 8 9
toi

Si tu t'appelais Cendrillon et que tu chaussais du 112.

Je t'aime, un point c'est tout.

●

Si j'étais enrhubé.

Je t'aibe

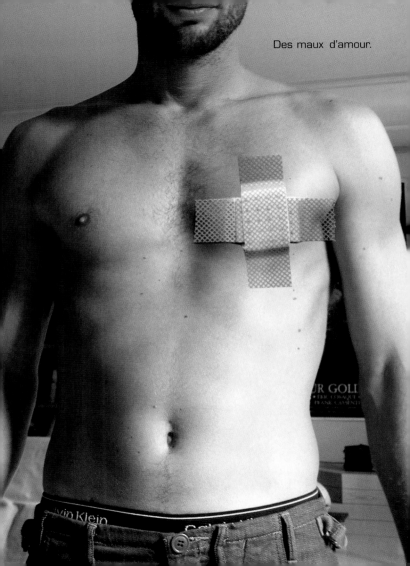

Des maux d'amour.

Encore plus
gros que ça !

Si tu te perds mon amour.

Une tartine de cœur.

Si tu étais triste.

Un je t'aime chuchoté.

.

Je t'aime

Je t'aime en euro.

Je t'aime
Je t'aime
Je t'aime
Je t'aime
Je t'aime
Je t'aime
Je t'ai

Tu me colles à la peau.

tu me

Pour te regarder mon soleil.

Pourvu que ce soit elle.

On dirait que j'aurais 6 ans.

Je t'aime ma souris.

Je t'aime par-derrière.

Je t'aime

Pour t'envoyer une lettre d'amour.

PROPRIETE PRIVEE

ENTREE INTERDITE

Si j'étais une vache.

Je t'aimeuuuu

No comment.

1 2 3 4 5 6 7 8 9 10 11 12 13 14 15 16 17 18
19 20 21 22 23 24 25 26 27 28 29 30 31 32
33 34 35 36 37 38 39 40 41 42 43 44 45 46
47 48 49 50 51 52 53 54 55 56 57 58 59 60
61 62 63 64 65 66 67 68 69 70 71 72 73 74
75 76 77 78 79 80 81 82 83 84 85 86 87 88
89 90 91 92 93 94 95 96 97 98 99 100 101
102 103 104 105 106 107 108 109 110 111
112 113 114 115 116 117 118 119 120 121
122 123 124 125 126 127 128 129 130 131
132 133 134 135 136 137 138 139 140 141
142 143 144 145 146 147 148 149 150 151
152 153 154 155 156 157 158 159 160 170
171 172 173 174 175 176 177 178 179 180
181 182 183 184 185 186 187 188 189 190
191 192 193 194 195 196 197 198 199 200
201 202 203 204 205 206 207 208 209 210
211 212 213 214 215 216 217 218 219 220
221 222 223 224 225 226 227 228 229 230
231 232 233 234 235 236 237 238 239 240
241 242 243 244 245 246 247 248 249 250
251 252 253 254 255 256 257 258 259 260
261 262 263 264 265 266 267 268 269 270
271 272 273 274 275 276 277 278 279 280
281 282 283 284 285 ...

Tu comptes beaucoup pour moi

Si je devais me perdre mon amour.

Un je t'aime vraiment très mal garé.

je t'aime

En amour aussi, faut provoquer la chance.

Manque de toi.

Je suis croquette de toi.

Je t'aime de plus en plus.

Je t'aime

Pour te dire je t'aime, je t'aime, je t'aime, je t'aime, je t'aime, je t'aime, je t'aime.

Un je t'aime en kamasutra (p. 31).

Un point G caché sur une page.

.**G**

Un baiser d'amour.

Fragile de toi.

La femme idéale.

Une lettre d'amour
ou une bague.

Quand tu es près de moi.

Pour t'emballer.

Un je t'aime tout noir dans le noir.

Si les garçons naissent dans les choux, voici l'endroit où tu es née.

Un je t'aime cloné.

Ivresse de toi.

toi toi

Pour t'embrasser si tu mesurais 3 m 24.

Attention jeune amoureux.

Un je t'aime instantané.

tête

je t'aime

pied pied

Je t'aime de la tête..aux pieds.

Je t'aime à l'infini..

Youpiiiiiiiiiiii.

foutenue

Je t'aime en vrai braille.

Pour faire un vrai je t'aime tout rouge.

toi La loi de l'attrac

tion universelle **moi**

DO NOT CROSS   DO NOT CROSS

Si tu me quittais.

L'amour au-dessus de tout.

amour
tout

Un chiffre au hasard… euuuuhhhhh…

Déclaration pour mon amour tête en l'air.

Pour te tartiner mon cœur de beurre.

Je suis fou de toi.

55 francs de je t'aime.

Un je t'aime teint en blond.

Je t'aime

Un je t'aime qui a un peu déteint.

Je t'aime

Si j'étais perdu en mer.

●━━ ● ━ ●━ ●● ━━ ●

Quand tu me regardes.

Tu me rends dixslecssique.

Ge t'ème

Je t'aime en daltonien.

Si tu devais pleurer.

Un je t'aime camouflé.

Si Léo t'avait connue.

...de toi !

Raid

SC Johnson Wax

Mouches
Moustiques

Peut être utilisé
sans risque
d'abîmer vos
PLANTES D'INTÉRIEUR

Mousse Active
Catarus - Fourmis
Spumă Activă
Gândaci - Furnici

Protection longue durée
Protecţie de lungă durată

RAID MOUSTIQUE   4.45 €
JOHNSON

RAID FOURMI   6.02 €
JOHNSON
400 Ml   39.50F
soit   15.05 €
Prix au Kilo/Litre

Malheureux aux jeux…Yeeehhaaaa.

Un je t'aime qui a gagné une étape du Tour de France.

Calme et adoucit la peau. Appliquer aussi souvent que nécessaire.

À coller sur ta joue en cas de baisers fougueux.

Avec toi je vois la vie en…

Si tu étais une fraise.

La cible préférée des anges.

Un bon prétexte
pour s'embrasser
sous ce livre.

Un peu moi quand tu me dis que tu m'aimes…

Un je t'aime plein d'amour.

Je t'aime

Un je t'aime qui fait peur aux vampires.

Je t'aime tout court.

J t'm

Ne jamais oublier de t'aimer.

Si je devais te donner une tarte.

Vide de toi.

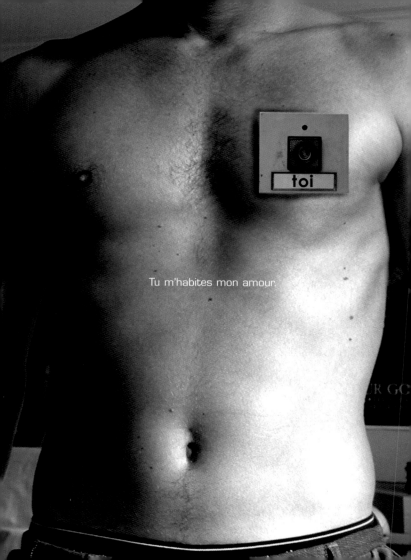

Un je t'aime caché derrière un nuage.

Si-sssi j'étaitais bèbègue.

Jeje t'aitaitaime

Un je t'aime qui ferait bien d'aller chez l'esthéticienne.

Rien que pour toi mon lilou.

Si tu avais des boules Quies mon amour.

Un je t'aime un peu trop distant.

Je t'aime

tu

Tu m'éblouis.

moi toi bébé

Rien que du bonheur.

Copieur.

Une boîte à lettres de je t'aime.

Une patate pour te dire je t'aime.

En cas de feux de l'amour.

Une patate qui dit encore mieux je t'aime que la première.

Un caillou qui dit comme la patate.

Un mariage en blanc.

mariage

Sans le savoir, tu portes un toast à nous, mon amour.

www.Je t'aime.com

Je t'aime sur internet.

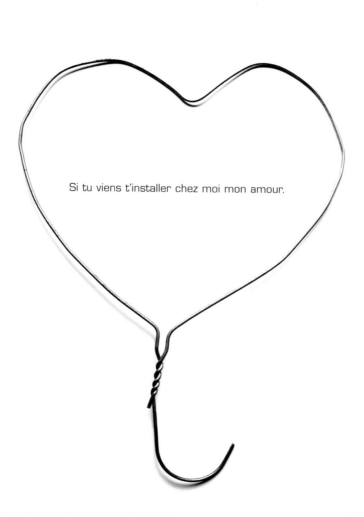

Si tu viens t'installer chez moi mon amour.

Si Cupidon faisait du paint-ball.

Petit arbre à « je t'aime ».

Un je t'aime de jardin.

Veux-tu m'épouser ?

☐ oui
☐ oui

Le compte est bon. En 3 lettres.

iot

Une cabine d'essayage pour ta robe blanche.

Attention ! Chute de riz.

Page à jeter.

Moi aussi je peux te faire tourner la tête.

Collez
votre photo
ici.

Une lune de miel.

Collez
sa photo
ici

Pour un énorme câlin, ferme vite la page.

Collez
votre photo
ici

Le plus joli bracelet que tu pourrais m'offrir.

Je t'aime pour le meilleur…

Essai gratuit sans obligation d'achat.

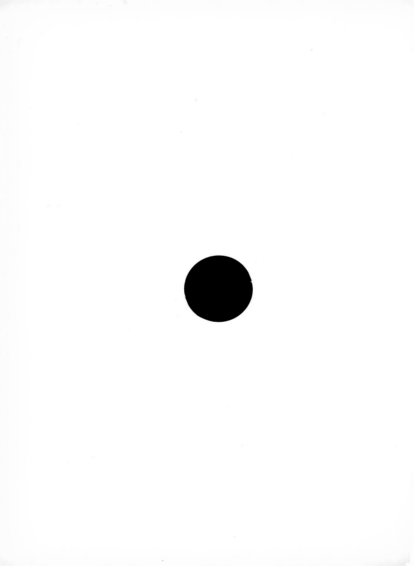

Bulletin d'abonnement

nom: <u>toi</u>

prénom: <u>mon amour</u>

adresse: <u>pas loin de moi</u>

quantité de livres désirée:

plein

© Éditions du Seuil, janvier 2003

Dépôt légal : janvier 2003

ISBN : 2-02-055102-0

N° 55102-1

Imprimé en Espagne